運命を変える言葉

五日市 剛の人間訪問

世界一のエステティシャン
今野 華都子さんに聞く

致知出版社

五日市剛の人間訪問

運命を変える言葉

——世界一のエステティシャン　今野華都子さんに聞く

目次

第一章　「いただきもの」を返す生き方

第二章　「見えないもの」に価値がある

第三章　運命を変える小さな習慣

●装幀――村橋雅之
●写真――小嶋三樹

第一章

「いただきもの」を返す生き方

■世界一のエステティシャン

五日市　きょうは僕が最も尊敬する方と対談できるので楽しみにしてきました。身内を抜きにして誰を一番尊敬していますかと聞かれたら、僕の小冊子『ツキを呼ぶ魔法の言葉』をテープ起こししてくださった安田善次郎さんと今野さんのお二人の名前を挙げますね。

今野　ありがとうございます。

五日市　僕の講演会を仙台で二回主催してくださった方がいて、その方の奥様が今野さんとご縁があったんです。「世界一のエステティシャンですごい方が仙台にいらっしゃるから」と、その生い立ちから今日に至るまでのプライベートなお話をお聞きするうちに、「絶対にお会いしたい」と思うようになりました。そうしたら、その奥様が逆に僕のことを今野さんにお伝えしてくださって、大変お忙しい中、僕の講演会に来てくださった。あの時は二次会までお付き合いいただき、遅くまでいろいろな話を聞かせていただきました。

今野　そうでしたね。五日市さんは「ありがとう」「感謝します」という言葉を上手に使い分け、口ぐせのような習慣にすると運命がひらく、とおっしゃっていますが、とてもシンプルで分かりやすく、誰でもその気になれば実行できることかもしれません。いままで、そういう美しい言葉をあまり使ったことがない人が頻繁《ひんぱん》に使うようになると、心豊かな人が増えるのではないでしょうか。その意味で、五日市さんは社会全体の底上げをする役割の方なんだなと、その時思いました。

五日市　恐らく、今野さんと僕とは価値観が似通《にかよ》っているのでしょうね。僕のいままでの屈折した生き方や考え方を今野さんに肯定していただいた時に、ああ自分の人生はいろいろあったけど、これでよかったんだ、と何かホッとさせられるものがありました。

きょうは、世界ナンバーワンのエステティシャンである今野さんがどのような人生を歩まれ、どうしてこの道を選ばれたのかなどを心ゆくまでお話しいただきたいと思っています。

今野　はい。私も楽しみにしています。

五日市　今野さんは夜遅くまでご自身のサロンでお仕事されることが多いようですし、いつも本当にタフだなぁ〜と思っています。出張もかなり多いとお聞きしていますし、健康な体でないととても務まりませんね。お丈夫なんですね。

今野　実は私、こう見えてものすごく体が弱かったんですよ。今でも血圧は上が六十、下は四十くらいしかありません。

五日市　えっ、そんなに低いんですか。今野さんのフェイシャルエステやボディエステは、内容によっては美容師の仕事のように立ちっぱなしになりますし、常にお客様に意識を向けていなければなりませんね。食事する時間だってあまりないはずです。さらに経営者として、またエステ業界の有名人として連日過酷《かこく》なスケジュールをこなしているのですから、様々なストレスもあるのではと思います。そんな低い血圧で、よくやっていられますね。

今野　体調が悪いときの血圧は、上が四十、下は二十になることもあるんですよ。それでも、仕事はめったに休みません。いつも通りお客様と接しています。

五日市　ひぇ〜。

今野　生まれた時から虚弱体質《きょじゃくたいしつ》ということもあったのでしょうけれども、いろいろな病気をしましてね。腎臓《じんぞう》や肝臓《かんぞう》の病気も何回かやりましたし、癌《がん》も二度ほど経験しました。

五日市　二度も癌を克服されたのですか。

今野　はい。

五日市　そのような病気がちなお体であったことがエステの道へとつながっていったのでしょうか？

今野　私は自分の生き方として、三十五歳までは中身が大事だと思って生きてきたのですが、その年齢を過ぎたあたりから病気ゆえのシミや皺《しわ》が出るようになってきました。そうしたら、それまでは心が大事だと思っていたのに、シミや皺をとても気にして何とかしようとしている。そういう自分がいるのに気づきました。例えば、顔に大きな吹き出物ができただけでも人に会いたくなくなるわけですよ。

その時に思いました。確かに人間は、中身が大事。でも、外側というのは、こんなに人の心に影響を与えるものなのかと。それから顔のお手入れや化粧品に関心を持つようになり、正面切って美容と取り組むようになったのです。

■技術は愛情、それが世界一になれた秘訣

五日市　実際にエステティシャンになられたのは何年前ですか？

今野　一九九八年に初めて美容の仕事をするわけですが、それまではエステティシャンになろうとは思っていませんでした。通信教育でエステティシャンの資格を取ったのも今から五年前なんです。

五日市　では、キャリア的にはかなり短いわけですね。世界ナンバーワンということなので、学校を出て二十代前半くらいから始められたのかと思っていましたが、あまりに短いので驚きました。しかも、世界一になられたのは一昨年のことだそうですね。

今野　はい。ありがたいことに二〇〇四年の第一回LPGインターナショナルコンテスト（フェイシャル部門）で日本最優秀賞、次いでフランスで三か月間の審査があり、その結果、世界百十か国中、第一位の最優秀グランプリを受賞することができました。

五日市　短期間に世界一になられた秘密を是非お聞きしたいですね。

今野　タイトルをいただいた時に同じようなことを皆さんから聞かれました。その時に私は、「ベースの部分はどんな仕事でも一緒でしょうけれど、技術は愛情です」とお答えしたんです。

五日市　技術は愛情ですか。

今野　皆さんは、「この人にはこういう技術が効く」とか「このパックはこうやる」という具体的なノウハウを期待していたらしいのですね。だから「技術は愛情です」と答えた時はすごく分かりにくかったようでした。

もちろん、シミ、皺などお客様によっていろいろな悩みがあると思いますが、私はまずその人たちの話をよく聞くようにしています。そうすると「このシミが気になっていたけれども、別の部分に原因があって、それをよくしないとシミは取れない」と分かってきます。ですから、その人の話を十分に聞いて、繊細《せんさい》な気持ちでしっかり肌を見て、総合的によくしてあげることが大事なんです。人の肌質は百人いたら百人違います。その人にあった施術《せじゅつ》をするには、化粧品一つにしてもその肌にあうものを注意深く選択しなくてはいけないんですね。

五日市 なるほど。ということは、ポイントは、お客様への細やかな心遣《づか》い。お話をしっかり丁寧に聞いて、注意深く肌を見る繊細な気持ちにある、ということですね。それが世界一につながった。

今野　はい。これは私にとってはごく普通のことで、エステの技術とは相手を思う心が形になったものだと思っています。ですから優勝の秘密と言われても、エステのマッサージの回数とかどういう特別な化粧品を使ったか、ということではないのです。

私はモナコでの表彰式のついでにパリやスイス、イタリアを巡《めぐ》ってヨーロッパのエステがどういうものかを自分で体験しました。合計十二回エステを受ける機会があったんです。それはガイドブックに載《の》っている高級なエステサロンだったり、一般の個人を対象にしたエステサロンだったり、化粧品会社がやっている大きなコスメサロンだったりしたのですが、そういうところを回りながら感じたことがあります。

五日市　それは何ですか？　ご自分の実力をより客観的に確認できたとか？

2004年、第１回ＬＰＧインターナショナルコンテストのフェイシャル部門において日本最優秀賞を受賞した時の模様。さらに世界第１位グランプリ受賞の知らせが入り、同時受賞のお祝い会となった。

今野　私が世界一だとかそういうことではなくて、日本の技術は最高だということです。

五日市　それはどういうことですか？

今野　例えばこういうことがありました。あるサロンで実際に施術を受けた時のことです。「そのベッドに裸《はだか》で寝なさい」と言われて、そこに寝かされました。私が行ったのは二月でしたから、とても寒かったんです。サロンの女性スタッフがセーターを着ているような時期でしたからね。ベッドにはビニールが一枚かけてあるだけだったので、施術を受けているうちにぶるぶる震《ふる》えてきましてね。そこで私は「寒い」と訴えました。にもかかわらず彼女たちは何もしてくれなかったんです。

五日市　それは意外でしたね。

今野　向こうの国々のエステティシャンはお医者さんと同じよう

な国家資格があるんですね。日本には国家資格はありません。でも日本のエステサロンでは絶対にそういう扱《あつか》いを受けることはありません。技術がどうとかそんな問題じゃなくて、思いやりの心が欠けているんです。

五日市　思いやりの欠如《けつじょ》、ですか。でも、たまたまひどい人に当たってしまったのでは？

今野　そうかもしれません。ただ、私の経験では、訪れたどの国のサロンにおいても似たようなものでした。例えば、とっても高級と言われるサロンに行き、そこで最も上手だという人を指名して施術していただいた時のことです。スチームをかけてくれたんですが、そのままかけっ放《ぱな》しで私を放置していきました。そうしたらパッパッパッと熱湯が飛んでくる。呼んでも誰も来ないんです。こんなことは日本のサロンではあり得ません。

五日市　へぇ〜、高級サロンなのに大雑把《おおざっぱ》なもんですね。

今野　日本人は本当に心が細やかです。そして思いやりの心があります。それがひいては「こうして差し上げたい」という技術になります。

五日市　なるほど。その細やかな気遣いというものは一体どこから来るのでしょうか？

今野　それは紅葉を愛《め》でる気持ちであったり、色を識別する感性であったりというような、四季折々の変化に豊かに対応してきた日本人の心の反映なのではないかと思います。四季の変化を感じる心、四季を愛でる心が、相手を思いやる情緒《じょうちょ》につながっているのではないかと。

日本人の感覚の微妙さはたぶん世界一だと思います。日本人ってどのくらいの色を見分けられると思いますか？

五日市　さぁ……？

今野　実は三十万色を見分けられるそうです。いえいえ一千万色ですよ、とおっしゃるカラーコーディネーターもいるようですが、とにかくそれだけ多くの色を見分けられるそうです。

それが子どもの頃から日本人の心にしみ入り、相手を思いやる日本人ならではの美しい豊かな感性を育《はぐく》んだのではないかと思います。ですから賞をいただいたのも、私の実力というより日本人の細やかな心遣いが技術として評価されたといっていいかもしれません。

五日市　相手をしっかりよく見て、その人にあった施術をされているわけですね。通常、そうした高度なエステの技術を身につけるには長い年月が必要かと思いますが、相手に対する愛情と細やかな心遣いがあれば、その期間が短縮できることにもなるのですね。

今野　そう思います。エステを受けられる方がそれまで何を考え、何を感じながら生きてこられたかが、すべてその方の資産だと思います。そのすべてに敬意を払い、私たちの美顔《びがん》の技術、機器の技術を最大限に生かす。その方への十分な理解と愛情なくして高度な技術はありえないと思うのです。

五日市　実際、今野さんの施術を受けた人たちは本当にきれいになっていますよね。僕の周囲の女性にもお勧めしていますが、「本当に行ってよかった」、そして「なぜか不思議と涙が出てくる」という声をよく聞きます。決して悲しいわけでもないのにどうして涙が出るのか自分でも分からないと。

今野　それは私にも分かりませんが、お客様の涙を拭《ふ》いて差し上げながら施術をすることは確かに多いですね。

五日市　やはりお客様がお店の雰囲気、香り、従業員のマナー、そういったものを総合的に体で感じ取って、今野さんから滲《にじ》み出る優しさや温かい言葉、心配りにも心打たれるのだと思います。

今野　自分の中では、お客様のすべてを丸ごと受け入れる気持ちでそこに座らせていただくんです。一番の美しさとは、実は特別なことではなく、その人が本来持っている「良さ」が自然と出てくることなんですね。私のやっていることは、その「良さ」を引き出すちょっとした手助けにすぎません。

■痛みを丸ごと引き受ける

五日市　華やかなエステの世界で頂点に立たれているだけに、傍《はた》から見ると何の屈折もなく光り輝いて生きてこられたように思える今野さんですが、お聞きしたところでは、これまで数多くの逆境を体験されたそうですね。

一番の美しさとは、実は特別なことではなく、その人が本来持っている「良さ」が自然と出てくることなんですね。私のやっていることは、その「良さ」を引き出すちょっとした手助けにすぎません。

今野　小さい頃からひどく病気がちではあったのですが、十九歳の時に蓄膿《ちくのう》症の手術をしたんですね。これが私にとって最初の大きな転機となりました。私はもともと血が止まりにくい体質で、十二歳くらいからその手術を先延ばしにしてきました。でも、とうとう下も向けない状態になり、手術をすることになったのです。

案の定うまくいかなくて、血が止まらずに麻酔《ますい》なしで切開せねばならない緊急事態に陥《おちい》りました。それだけでも大変なのに、一か月後、今度は鼻の肉に絡《から》まった止血用の脱脂綿を一個一個剝《は》がしていく処置を、麻酔なしで三十回以上行いました。これはもう痛いというレベルを超えていて、十九歳の私にとっては一生忘れられない、つらい体験でしたね。

その時に、どうやってこの痛みを克服したらいいか考えました。とても分かりにくい表現かもしれませんが、その痛みの中に自分が入って、痛みを丸ごと引き受けるのです。これを我慢《がまん》したら人生何が起きても大丈夫だという思いでしたが、その通りでした。その後、外科的な手術を受けたり、二回の出産も経験していますが、あの時以上の痛みは経験していません。

五日市　今日に至るまで、その痛み以上のものはない。

今野　ええ。ありません。

五日市　それだけはっきり断言されるというのは、よほどの痛みだったんですね。でも、今野さんはそれから逃げなかった。

今野　自分に起こることからは逃げられない。ならば自分がすべてを受け入れなくてはならない。痛みも、これから逃げようとするから痛いのであって、その中に入っていけばいい。起こることはすべて享受《きょうじゅ》しようと、その時思ったのです。

自分に起こることからは逃げられない。ならば自分がすべてを受け入れなくてはならない。痛みも、これから逃げようとするから痛いのであって、その中に入っていけばいい。起こることはすべて享受しようと、その時思ったのです。

■人は何のために生まれてきたのか

五日市　お若い頃から物事を本質的に捉《とら》えられていたのですね。

今野　「人は何のために生まれてきたのか」とずっと考えていました。五歳の時に、母方の実家で法事がありましてね。方丈《ほうじょう》さんのお話を伺ったのですが、もちろんご法話の意味は分かりません。ただ一つだけ、人は最終的にこの方丈さんのような顔をした人にならねばならないということが腑《ふ》に落ちました。

五日市　わずか五歳でですか。

今野　家に帰ってから両親に、「あの寺にやってください」と頼みました。普通の家庭でしたので、私がお坊さんになりたいのかと驚いたようですが、そうではなく、その人の傍《そば》にいたらその人の如《ごと》くなれると思ったのです。だから方丈さんがもし行商のおばさんだったら、そのおばさんについて行きたいと思ったことでしょう。

五日市　ご病気がちだったことで、より感性が磨かれたのでしょうね。

今野　それはあると思います。感染症にかかりやすく、冬に肺炎になるのはしょっちゅうでした。平熱は三十五度以下なのに、四十度近くまで熱が上がる。「この子は死ぬかもしれない」と両親がいつも気遣ってくれました。

私は五人きょうだいで、年子といっていいくらい年が近いのです。そして皆が遺伝的に体が弱いんです。

私には二つ上の姉がいるのですが、生まれた時とても寒かったので一週間目に肺炎をこじらせて仮死状態になってしまいましてね。母と叔母が泣きじゃくっている時に父が仕事から帰ってきて、姉が真っ白になっているのを見て「そっそんな馬鹿なことはない」ってびっくりして。

で、何をしたかというと、父も私と同じく体温がかなり低い人なのですが、ふだんはほとんどお酒などを飲まないのに、祖父の焼酎《しょうちゅう》を戸棚から出して持ってきましてね、すぐに大きな器に入れて、グーっとイッキに飲んだのです。すると焼酎で体が熱くなりますでしょ。父は冷たくなった姉をギューっと抱きしめて暖めましてね。ずっとず〜っと暖め続けて。そうしたら、真っ白な姉が徐々にピンク色になってきて、奇跡的に生き返ったんです。そんな話を聞いたことがあります。

五日市　ひぇ〜、すごい。今野さんの平熱が低いのは、お父さんからの遺伝なんですね。そのお父さんが焼酎を大量に飲んで、無理やりご自分の体温を上げて娘を暖め続ける。娘を救うためのとっさの判断がお見事です。

それにしても、今野さん以外のごきょうだいの方々も皆、体が弱いなんてね。

今野　私は彼ら以上に弱かったんです。ですから、きょうだいがお父さんお母さんを必要としている時でも、両親はいつも病弱な私一人のためにかかりっきりになってしまいました。何て申し訳ないのだろう、他のきょうだいも一緒にいる権利があるのに……と、そんなことばかり思っていました。

それに「来年、再来年まで生きているかどうか分からない」という気持ちもありました。十歳の子どもなりにできることは何だろうかと考えまして、それは痛いとか苦しいとか言って両親に余計な心配をかけないことだったり、きょうだい仲良くすることだったり、自分の環境でベストを尽くすことではないかと思ったのです。

■自分が得たものは誰かに返さないといけない

五日市　わずか十歳でそこまで考えるとはすごい。

今野　私は子どもの頃からひどい貧血と低血圧で、朝起きることだけでも大変でした。目が覚めて起きるという、健康な人にとってはまったく普通のことが私にはすごくつらいことでした。例えば、重労働した後の疲労困憊《こんぱい》した状態を想像してください。体中だるく、節々が痛くてどうしようもない状態ってあるでしょう。その状態が毎朝なんですね。だから私は毎日朝が来ると「う～ん、う～ん」と唸《うな》っては何とか時間をかけて起きてたんです。目が覚めて、起きるまでにどうしても一時間はかかってしまう。

もちろん、そのまま寝ているのは楽ですし簡単ですよ。周りは病気だと知っているわけだから誰も文句を言う人はいません。でも起きなければ、私の人生は寝たままになってしまう。だから気力を振り絞《しぼ》って自分を起こす。そして目的の場所まで自分を連れて行くんですね。

五日市　寝たままの人生であるものかと。

今野　ええ。先に言いましたように、私は人間が何のために生まれてきたのか、小さい頃からずっと考えてきました。そう考え始めた頃、子どもなりに自分をどう生かせるかを知らなくてはいけないと思いましたから、まずやるべきことは「その場」に自分を持って行く。それが勉強する場なのか、お手伝いをする場なのかはその時々で違いますけれども、まず自分を連れて行く。そういうふうに、子どもの頃は気力で精一杯生きていましたね。

そして、この家でこの両親のもとに生まれたことに何らかの意味があるなら、その意味を問うて社会に還元していきたいと思ったんです。

五日市　社会に還元する？

今野　そうです。社会といっても決して漠然としたものではなく、目の前にいる社会を構成している一人ひとり、お父さんお母さんであり、友達であり、近所のおばちゃんでありといった身近な人たちに、その時点で自分ができることを還元していきたいと思いました。

五日市　そういうことですか。

今野　それと、私がそういうふうに考えるようになったのは、祖父の影響も大きかったんです。祖父は目鼻立ちが整っていて四か国語をしゃべることができた人なんです。声もとても太くてよく通りました。ちょっとでも曲がったことが嫌いで、市長にも掛け合いに行っていたくらいです。

その祖父がなぜか特別私を可愛《かわい》がってくれたんです。例えば、鰻《うなぎ》をとってきて蒲焼《かばや》きにして、私にしか食べさせない（笑）。家の中で芳《こう》ばしい香りが漂うので当然父母やきょうだいたちもそのことを知っていました。それから姉とオモチャの取り合いで喧嘩《けんか》をすると、私が悪くても姉を激しく叱《しか》りつけるのですね。だけど私は自分だけが特別に何かを得たとしても嬉《うれ》しくなかった。他に迷惑がかかるようでは本当の幸せではないということを子ども心に感じていました。

私は両親からも祖父からも絶対的な愛を受けて育ったんですけれども、いま思うと、そのことが「自分が得たものは誰かに返さないといけない」という気持ちにつながったのだと思います。父は五十歳で亡くなっていますから、誰かに恩を返すと言っても目の前の人に返す以外にありません。ですから人様のお役に立てるということは、「いただいたものを自分の周囲の人に返すこと」――そう思いまして、これが徐々に私の生き方の基軸となりました。

五日市　今野さんの内省的な生き方の原点は幼児期にあったのですね。それにしても驚かされました。

今野　いや、人は口に出さないだけで誰でもそのように思って生活していると、ずーっとそう考えて生きてきましたから（笑）。

■人の命は誰も決められない

五日市　ご結婚は何歳ですか。

今野　二十三歳の時です。父が頼まれたお見合いがあって、最初は「なかなか気が進まないから」と断っていたのですが、そのお相手が車も通らないような山奥に住んで酪農《らくのう》を営んでいると聞いて、俄然《がぜん》興味が出てきましてね。「そこを見せてください」と言ったん人様のお役に立てるということは、「いただいたものを自分の周囲の人に返すこと」――そう思いまして、これが徐々に私の生き方の基軸となりました。

です（笑）。

五日市　へぇ〜。

今野　実際に行ってみると、思っていた以上に不便な場所で、道路もさることながら、古い家や牛小屋の前に堆肥《たいひ》があって、そこにハエがブンブンたかっているようなところでした。それを見ながら「この環境なら誰もお嫁に来ない。これまで人様のお役に立とうと思ってきたのに、目の前のこの人に役に立たなかったら、いつ自分はお役に立つのだろう」と思ったんですね（笑）。

五日市　えっ、それで結婚された？

今野　気が変わらないうちにと三か月後には結婚式を挙げていました。

五日市　どんな生活だったのですか。

今野　結婚の次の日から朝四時半に起きて草刈りをして、牛の乳搾《しぼ》りをする毎日が始まりました。義理の父が筋金入りの酪農家で「搾乳機《さくにゅうき》は使っちゃいかん」という人だったので、手で搾る技術を身につけました。牛は下手な者はちゃんと見分けて足でバーンと蹴《け》るんです。それだけに慣れるまでは大変でした。

五日市　けっこう蹴られたわけですね、バーンと（笑）。

今野　でも頑張りました。私はその頃ＯＬをしていましたから、乳搾りが終わるとお風呂に入って朝ごはんの支度をして出勤するんです。秋になると四町歩の藁《わら》を集めてそれを担《かつ》いで運ばなくてはなりませんから、もともと病気がちだった私にとって、それは大変な作業でした。一か月に十三キロもやせてしまいました。

五日市　えっ。今野さんはもともと体重があったわけではないでしょうから、一か月に十三キロもやせてしまうということは、かなり危険な状況だったのでは。体への負荷がそれだけ大きかったということですよね。今野さんのご両親はとても心配されたでしょう。

今野　はい。私の父はかなり心配して、ほとんど毎朝私の様子をそっと見に来てくれました。「近くで用事があるから」なんて言ってね。私にこのような生活が務まるんだろうかと心配でたまらなかったようでした。

嫁《とつ》ぎ先の冬はとても寒く厳しかったです。家の中の暖房器具はコタツだけでした。私はもともと体温が低く冷え性なものですから、実家の父は私のために、薪《まき》ストーブを買って持ってきました。家は山の中なので、薪なら燃料代を気にしなくても私が気兼ねなく使えるだろう……と父は考えたのです。私は父のそうした優しさがとても嬉しかったのですが、「それは受け取れないのよ」って父に言いました。私は嫁ぎ先の新しい環境にしっかり身をおいて、頑張らなければならないし、そのようなものを持ち込むのは、その家の方々に気まずいという思いもあったんです。

五日市　お父さん、本当に心配されてたんですね。嫁ぎ先への今野さんの気遣いも分かる気がします。

今野　これは誰に頼まれたわけでもない、自分が選んだ道なのだから頑張ろう。でも、肉体も極限までいけば倒れる。休むのはその時でよいと自分に言い聞かせていたのです。こういう生活がしばらく続きました。

五日市　恐らく健康な人でも大変でしょうに、体の弱い今野さんがよくまあ耐えられましたね。お子さんは？

今野　結婚の翌年には初めての子どもがお腹にできました。でもそういう生活でしたし、体も弱かったので六か月で死産するんですね。六か月の流産は出産と一緒で陣痛が起きてから産み落とします。私が幼い頃からたくさん薬を飲んでいたことも一因となっていたかもしれません。自分の中の命に対して申し訳なさでいっぱいでした。

流産の翌日、立ち直れないまま実家に帰りました。悪いことは重なるもので、この日、父が自宅にある工場の階段から転落して、コンクリートの床に頭を打って頭蓋骨骨折《ずがいこっせつ》で亡くなってしまうのです。その瞬間を私は目撃していました。あれほど元気だった父が、瞬く間に私の目の前で息を引き取ったのです。あまりの出来事に、自分がどうなっていたか、どうやってその葬式が終わったのか、まったく覚えていないくらいです。私はたった二日の間に自分の中の命と父を相次いで亡くしました。

改めて思いました。人の命は誰も決められない。生きられる時までが命なのだと。

五日市　人の命は誰も決められない。そうおっしゃる心境が分かる気がします。

今野　このことは幼い頃から思っていたことではあるのですが、身をもって何回も教えてもらうわけですね。

第二章

「見えないもの」に価値がある

自分を棚卸しして見つけたエステの道

五日市　一人の主婦だった今野さんがエステの道に入られるのは、どういうきっかけがあったのですか？

今野　私は四十五歳でエステの仕事を始めました。周りからすればとても遅いスタートだったかもしれませんが、私にとってはちょうどよかった。二人の子どもの進学のため、生活費を稼《かせ》がざるを得なくなっていたんですね。そこで何か自分にできることはないかと自分を棚卸《たなおろ》ししてみました。

その頃の私は経理でもお料理でもお習字でも一通りのことはできました。だけど、例えば経理で決算書を作成するとか、パソコンでウェブサイトを作るというような特別なことは何もできない。では何をやろうかと考えた時、思いついたのが睫《まつげ》パーマでした。友達が睫パーマをかけるのを見て、「あれなら自分にもできるかも」と睫パーマの店を開くことにしたのです。

不動産屋さんに頼んで、仙台駅から一番近くて一番安いマンションを紹介してもらいました。そして六畳一間で月に四万五千円という、いま考えてもすごくお手ごろなマンションが見つかりました。ただ、とても汚くて壁には亀裂《きれつ》が入っているし、エレベーターにはしょっちゅう痰《たん》が吐き捨てられていました。こういう場所で事業をスタートしたんです。

エステを始めたのは、たまたまお客様の中で顔が荒れている人がいて、その方にパックをして差し上げたのがきっかけです。きれいになったとすごく喜んでいただけて……。でも人様のお肌を触らせていただくのに勝手なことをやってはいけないと思いまして、本屋

で皮膚《ひふ》学やツボ・経絡《けいらく》の本を読みあさるようにして勉強しました。本を買おうにもお金がありませんでしたが、案外本屋さんでも勉強できるものです（笑）。こうして、自分なりのやり方で技術を構築していったのです。

五日市　自分なりの方法で、ですか。

今野　ええ。例えば睫パーマの店をやっていた時、ロットは三種類しかありませんでした。でもお客様の顔や睫は様々でしょう。この人は睫が長いのでフワッとお姫様のようにかけたらいいな、いろいろと巻き方を変えてもっと喜ばせてあげたいなと思っても、三種類だけではとても対応できないわけですね。

それで皆さんがもっと満足するかけ方ができないかと日夜考えました。ロットの原理を考えたら、丸いものに巻き付けてクルンと円を出せればいい。形状を記憶させる何かがあればいいと、物の本質まで落とし込んで考えていったんですね。

その時たまたま目に付いたのが百円ショップにあるパンツ用の丸いゴムでした。これを応用しながら自分で十二種類のロットを考案しました。このロットのお陰で、どんな長さや眼の形の人にもお客様が望むカールを作ってあげられました。この話題はたちまち広がり、おかげでこの店はとても繁盛したんです。

五日市　その後も順調に？

今野　細々とでしたが、うまくいきました。三年ほど経《た》った頃、お店が満杯状態になってしまったんですね。そこで、より広いスペースを求めてそのマンションの三階に引っ越すことにしました。

実は私はその頃、太っていたんです。自分がやせたかったもので、何か方法はないかと調べているうちにいい機械が見つかりました。ただ購入に五百万円かかるんです。私にはそんなお金はありません。

でも是非入れたいと思って五百万円つくりました。どうやってつくったと思います？

五日市　普通、金融機関などから借りますよね。

今野　私には銀行から借りられるだけの実績はなかったんですね。そこで、「ただ寝ているだけで簡単にやせられて、健康できれいになる方法があったらやりたくない？」と、来るお客様全員に言ったんです。そうしたら次々と「やりたい」「やりたい」って。私は本気で「やりたい」と言っていただいた人を限定二十五人受け付けることにしました。おもしろいもので、希望者が最初五、六人の時は皆知らんぷりしているのに、十三人くらい集まってくると「えっ、あともう何人しかいない」っていう気持ちになるんですね（笑）。二十五人からそれぞれ二十万円をいただいて、五百万円でその機械を買いました。三か月目にはその機械もいっぱいになって、もう一つ買いました。いまは計五台あります。それだけ流行《はや》っていたんですね。

■「何があっても、あなたをかばいます」

五日市　実際にお仕事を始められると、スタッフを抱えてお客様にサービスを提供するわけですね。どのようにしてスタッフを育てられたのか、お聞かせいただけますか。

今野　最初は小さなサロンでしたから、もともとは私一人でやるつもりでした。立ち上げの時はとにかく必死で、体力の続く限りお客様のために全力投球していたのですが、そのせいか腱鞘炎《けんしょうえん》になりまして、肩揉《も》みのサービスができなくなったのです。ちょうどそんな時に「私、肩揉みが得意です」という女の子のお客様がいて、

「短期間でいいから」と、その子をアルバイトとして雇いました。ところが、その子を雇ったことで私は大いに頭を痛めることになるんですね。

五日市　どういう人だったのですか。

今野　お客様として来ていた時には分からなかったのですが、仕事場に入るなり無言、無表情なんです。慣れないからかなと思って、最初は会話や笑顔がないこともそれほど気に留《と》めませんでした。ところが来る日も来る日もそういう状態が続くと、やはり何かおかしいと思いますよね。ある日、「お客様が帰られる時には『ありがとうございます』と言ってね」と注意したら、無言で睨《にら》み返すんです。それからも、私だったら年上の人に絶対に言うことはない言葉を次々に投げかけられましてね。やがてお客様からも、「六畳一間の狭いスペースにムッとした顔をした人間がいては耐えられない」と苦情が相次ぐようになりました。

もともと腱鞘炎が治るまでのアルバイトだと思っていましたので、辞めさせるのは簡単でした。だけど私は「この子はこのままではどこに行っても勤まらない」と思ったんですね。

そこで、苦情を呈《てい》するお客様の中でも特に思ったことをズバズバ口に出す方にこう言ってみました。

「申し訳ありません。本当に気分が悪いと思います。私もそう思いますし、辞めさせるのは簡単です。でもあの子はここ以外のどこかで勤まると思いますか？」

私がそうお聞きすると、

「ムリムリ、絶対無理」

とそのお客様はおっしゃいました。そこで、「もし無理ならこの子は社会のどこで働けばいいのでしょうか？」と申し上げて、

「どうか一緒に育てていただけませんか」

とお願いしたのです。私より一回り年上のその方は「ホントに物好きね」と笑って協力してくださいました。そして、来るたびに、その子に自分から声をかけてくださいました。

「こんにちは、元気そうね」「その髪形とても可愛いわ」「あなたが入れてくれるお茶はとてもおいしいわ、ありがとう」とその子の良いところや、したことについて必ず褒《ほ》め言葉をかけてくださいました。それから、「あなたは、この先生のところで働けて幸せね」と私を立ててくださることも忘れませんでした。良いところを見つけて褒めてくださるお客様と、仕事を教える以上は厳しいことを言う私の二人三脚はしばらく続きました。

五日市　いったい、どのように教育されたのでしょう?

今野　最初は、なぜ制服が汚れていてはいけないか、大きな足音を立てて歩いてはいけないかということを一つひとつ教えていました。でもその子にはそれがとても負担だったようでした。毎日耳に痛いことを言われると、人は反抗的になっていきます。ある時なんか戸を思いっきりバタンと閉めて「もう来ねえよ」と言って出て行ったんですね。私もつい「来るな」と言いながら、エレベーターまで追いかけていって「明日も来い」って（笑）。それからその子には何十枚と手紙を書いたりしました。友達にそれを言うと「ムリムリ、あの子にそんなことを言っても無理よ」とよく言われましたけれども。

あぁ、この子には一つひとつ教えちゃいけないんだと思いました。大切なのは、どうしたらその子が自分で納得して判断できるかだと。

五日市　人材教育においては、そのような観点での指導も必要なのですが、これがなかなか難しい。今野さんは具体的にどのようなことをされたのでしょうか。

今野　なぜその子がこうなったかを考えてみたのです。人間は生まれ落ちるところを選べない。たまたま北向きの斜面に落ちてしまった子が光を求めながら、あちこち屈折したりして必死に生きてきたのかもしれない。もし私がその環境に落ちていたら、あの子は私だったかもしれない。それを思うと、自殺もせず、事故も起こさず、よくここまで生きてくれた、よくぞ生きて私の目の前に立ってくれたと、それだけでいとおしかったのです。その子が悪い、学校が悪いのではなく、たまたまそこに落ちてしまっただけ。ならば社会の大人達の責任においてこの子を何とかしなくてはいけない。それなくしてお客様を何とかして差し上げるなんてとんでもない、と思ったんですね。

五日市　まずは目の前のこの子だと。

今野　はい。こういうことがありました。ある時、その子がサロンの大事な機械を壊してしまいまして、「先生、この機械死んじゃいました」と後ろ向きの姿勢で報告するわけです。

「ああそう。どんな状態だったの？　壊したことを怒るわけじゃないから、ちょっと教えて」と聞きましたら、「キーンと音がして紫の煙《けむり》を吐《は》いて動かなくなりました」と。

「壊れてしまったことは仕方がないけれども、実は気づかなくてはいけないことがあるの。キーンと音がして紫の煙を吐いた時点で、これは変だと思わなきゃいけないの。煙が出るのを見ていたのに機械を止めようと思わなかったの」と質問したら、それには答えずに、「じゃ、弁償したらいいんでしょ」とふて腐《くさ》れた返事をしたんですね。

そこで、「私はそんなことを言っているんじゃない。これが機械ではなく人だったらどうするの？　転んだ時に『大丈夫だった』と声をかけない？　あなたに分かってほしいのはそのようなことなの。そこが分からないとこの仕事はやっていけないのよ」と話したんです。

五日市　なるほど。

今野　もちろん、その時点では分かってもらえませんでしたが、それからも「損得という判断基準ではなく、これをやったら両親やお客様、先生は喜んでくれるだろうかという良心を基準にしてちょうだい。相手に喜んでもらおうと思ってやったことなら、たとえ何が起きても私はあなたをかばいます」と話して、粘《ねば》り強くその子と向き合っていきました。

五日市　うわぁ、素晴らしいお言葉ですね。

今野　その子は確かに言動は悪かったのですが、仕事は丁寧で、

「損得という判断基準ではなく、これをやったら両親やお客様、先生は喜んでくれるだろうかという良心を基準にしてちょうだい。相手に喜んでもらおうと思ってやったことなら、たとえ何が起きても私はあなたをかばいます」

いろいろなものをよく見る力がありましたから、その能力を大いに伸ばしてあげたいと考えました。

五日市　その後どうなりました？

今野　三年くらい経った時、あるお客様が私にこうおっしゃったんです。「先生、あの子の応対や声の出し方がまるで先生みたいだった。私が求めていたケアがその通りにできていた。よくここまで育ててくれましたね」って。この言葉を聞いた時は本当に嬉しくて、ただただ涙が溢《あふ》れてきました。私はその子と、社会の大人の責任として一緒にその子に声をかけ続けてくれたお客様に感謝いたしました。決して、「今野さんってすごいね」ではないんですよ。認められるべきはその子なのです。

どん底の五日市さんがイスラエルのおばあさんから魔法の言葉を受け入れて何とか自分のものにしたように、その子も自分の心を開いて私の言葉を受け入れてくれました。その子はいまも私のもとにおりまして、何もかも安心して任せています。彼女は自分が育てられたように、サロンのスタッフを忍耐強く、愛情深く育ててくれています。

■「あの子が働くステージをつくってあげようよ」

今野　その子が入ってきた三か月後に、今度は恐ろしく不器用な子が入ってきましてね。どのくらい不器用かというと、卵をかき混ぜられないくらい、普通の人とは筋肉の使い方が違うんです。物事を教えても一回頭の中で変換してからでないと覚えられない。だから最初に入った子とは性格も両極端に違い、お互い目について仕方がなかったみたいでした。

この子は自分の不器用さがいやで、何回も辞めると言ってきました。でも、「仕事は一回やって駄目なら十回で覚えられる。十回で駄目なら千回で覚えられる。性格を直すのは難しいけれども、仕事はいつか覚えられるから」と励ましながら育ててきました。この不器用な子も六年で一人前になり、サロンに大きな貢献をしてくれています。

そして三人目に雇ったのが、どこに行ってもクビになる子……。

五日市　なぜ、そういう子ばかり集まってくるのでしょうね（笑）。

今野　本当に（笑）。この子は化粧品ディーラーの方の紹介だったんですけれども、二十一歳ですでに三店目の転職でした。話してみると、すべてに気配りをしているのが分かるんです。でも、何かおどおどしている様子でした。

電話で予約を受けていているのを聞いていていましたら、いつもの態度とは大違いで、大きな声。最初から最後の語尾まで機械がしゃべったように「はい、佐藤様でいらっしゃいますね。きょうの三時の予約でございますね。はい、はい、はい……」とまるでファーストフードの受付のようなんですね。最後に「ポテトはいかがですか」と言いそうな勢いでした。

それで私は言ったんです。

「あなたがこれまで勤めていたサロンでは、そのやり方で完璧だったかもしれない。確かに表面的には間違いのないことで、明るく元気なことも大事。でもね、うちではそれは通じません。お客様に来ていただくことに対して、『ありがとうございます』という感謝の気持ちを込めていないと駄目なのよ」って。

でもその子は私の言っていることがまったく理解できなくてパニ

ック状態でした。言葉で反論してくれればよかったんですけど、それはしないで「絶対に言うことを聞かないぞ」と態度で反発するわけですね。

五日市　先に入られた二人のスタッフの態度はいかがでしたか？

今野　二人には「あの子はこれまでいたサロンで散々《さんざん》怒られていたために、いつもビクビクしている。だから何があっても絶対に怒らないでね。腹に据《す》えかねることがたくさん出てくるだろうけれども、その時は私に言いなさい」と話しました。最初に入った子なんか、首根っこを捕《つか》まえられるような勢いで私に怒られていたので、「随分先生の態度が違うじゃないですか」とすねていましてね（笑）。「でも人はそれぞれなの。あなたにはその強さが必要だったけれども、あの子に必要なのはそれではない。あなたも私に三年待ってもらえたでしょう。だから私たち三人で、あの子が働くステージをつくってあげようよ。それが私たちの仕事だよ」

そう話すと納得してくれました。

五日市　その三人目の方はどうなったんですか。

今野　最初の頃は何回「辞める」と言ってきたか分かりません。そういう時に私は、「いいよ辞めても。私と一緒にいることだけが幸せではない。独立するのも、自分がやりたいほかの仕事をやってみるのも、何をやってもいい。でも辞めるのは、私がいいと言ってからにしてね」と伝えました。

五日市　いいと言うまでは続けなさいというわけですね。どれだけ愛情を注《そそ》いでこられたかがよく分かります。

今野　彼女たちには失礼な表現かもしれませんが、私はよく「拾い子をする」という言い方をするんです。例えば自分の子どもなら「あなたはいらないから」とは言えないでしょう。何があっても、その子が自分の子であると思えば引き取って育てることができる。「拾い子」とはそういうことなのです。

目に見えないものを判断の基準にする

今野　うちではいま十数人のスタッフを抱えているのですが、とても紹介しきれないくらい、それぞれにいろいろなドラマがあるんですね。

五日市　もっと聞きたいですね。

今野　例えば、いまはいない子なのですが、ある時、思いつめたような青白い顔をして、「今日、警察がここに来ると思います」と言うのです。問題を起こすような子ではないと思っていたので穏《おだ》やかに、「心配しなくていいから事情を話してみなさい。うそをつかず、事実だけをね」と言いました。聞けば、付き合っていた男性がお金のことで新聞に載るような刑事事件にかかわっていると言うのです。

「でも、何であなたのところに警察が来るの？」

「高額のプレゼントをたくさんいただきました…」

「警察の人が来たら対応してあげるから、あなたは本当のことだけを話しなさい。家の人は知っているの？」

「知りません…」

「毎日ビクビクして過ごしていたでしょう。家の人やサロンに迷惑をかけるかもしれないと身が縮む思いだったでしょう。今回のことはいい勉強です」

そう言ったあと、私はさらに続けました。

「お金だけを求めていると、付き合う基準もくるってしまいます。価値判断は目に見えるものじゃなく、お互いに尊敬できるか、一緒

「お金だけを求めていると、付き合う基準もくるってしまいます。価値判断は目に見えるものじゃなく、お互いに尊敬できるか、一緒に喜びあえるか、感謝しあえるか、で決めてみたらどう？」

に喜びあえるか、感謝しあえるか、で決めてみたらどう？」

その後、彼女はまったく浮《うわ》ついたところがなく真面目に勤務し、猛勉強をして、やりたかった福祉の仕事を故郷に帰って立ち上げました。

五日市　そうですか。その辞められた方にとっても、今野さんとご縁があったことで、自分に必要な教えをタイムリーに授かったのではないでしょうか。一生忘れられないと思いますよ。

今野　その子も私の子どものような存在です。新しい仕事を自ら行うことで、さらに大きく成長できると信じています。

■いくつになっても人間は変われる

今野　最近ある方に、「人は何歳まで変われるんですか」と聞かれました。
若いスタッフを育てた経験から二十五くらいまでだったら三年あれば変わるかなと思っていました。ところが、実は数年前に、五十歳になるおじさんを拾ってしまいましてね(笑)。

五日市　五十歳の「拾い子」ですか。しかも男性。どういういきさつでしょうか?

今野　彼は二十七歳から四十五歳までの十七年間ヨーロッパに住んでいましてね。外国籍を手にしてシェフのトップとしての地位を確立していたのです。でも日本人の友達からいろいろな日本の話を聞くうちに、何か感じるところがあったのでしょう、一九九八年に帰国したんです。
その後、その友達と一緒に仙台で自然食品の店を経営して、私のサロンにもよく出入りしていたのですが、男二人分の給料って大変ですからね。結局二年半で店を閉じてしまったんです。で、どうするかを考えた時、頭に浮かんだのが私のサロンだったそうです。つまり、「お野菜やお米を届けると、廊下まで笑い声が聞こえてくる。お客様からありがとうと言われる商売って、なんて素敵なのだろう。自分もこういう仕事を始めたい」と思ったらしいのです。

五日市　シェフがお客様から直接ありがとうと言われることは、あまりありませんからね。

今野　そこで彼はドイツに行ってフットマッサージの技術を身につけてきました。ところが日本に帰って立ち上げたマッサージの店も三年で潰《つぶ》し、外国で前受けした年金も全部使い果たしてしまうんですね。

ちょうどエステサロンの前の事務所が空《あ》いていたので、私は「うちに来たら」と誘いました。エステのお客様が帰りにそこでフットマッサージができたらと思って、社員として雇ったんですね。ところが彼は（彼のために）助手として雇ったサロンのスタッフと喧嘩して辞めさせてしまうなど、なかなか組織に馴染《なじ》めずに、そのうちに売り上げもどんどん減っていきました。

何かアドバイスしようものなら、必ず「いや！ 俺だってこうですよ」という否定形の答えが返ってきました。

「あのね、人と話をする時は、接頭語の『いや』をまず取りなさい。日本では最初『ああ、そうですか』と相手を受け入れて、それから自分の意見を述べるものよ。最初に『いや！ 俺は』という思いが入っていたら、相手の話は耳に入らないし、相手も気分が悪くなるでしょう。だからお客様との会話もうまくいかないのよ。あなたにすぐ売り上げを上げなさい、なんて言いません。だけど、その部分だけはすぐに直してほしいの」

彼にはそのように何度も言い聞かせました。

五日市　「自分が」という言葉が先に出るのは、国際的な習慣の違いもあったのでしょう。

今野　そう思います。スイスやドイツのような国で職人になろうとすれば、学校を出て職業訓練校みたいなところに入り、その道の仲間入りをするのが一般的です。その中でシェフのトップになろうとすれば、周囲の様々な悪口や暴言から自分を防御《ぼうぎょ》しなくてはならない。それこそ「このブタ野郎」みたいな言葉が毎日飛び交《か》う中で勝ち抜いて、自分の地位を確立していくんですね。だからどうしても言葉が汚くなるし、自分の失敗を絶対に認めない習慣がしっかり染みついてしまうわけです。

シェフとしてトップの地位にいながら、その地位をなげうって彼が帰国したのは、そういう外国人との人間関係がほとほといやになったことが一つの理由だったそうです。それで私は二年半の間、「こういう日本の優しい言葉、相手を思いやる言葉を使おうよ」と言い続けてきたんですが、長年の癖はすぐに直せるものではありません。なかなか変わる様子もなくて、「もう駄目なのかな」と半《なか》ば諦めていました。

五日市　歳がいくほど言葉や習慣を変えるのは難しい、と言われますよね。それにしても、普通はすぐに諦めるのに、今野さんは二年半その方に言い続けたのですね。その後、何か転機となる出来事があったのですか。

今野　ある時、彼と話していたら、ふと「フットマッサージではやっていけないので、シェフとしての腕を生かして料理の店をやりたい」と言ったんですね。

「今野さん、この会社は自分の能力を生かす会社だと言っていまし

たよね」と聞かれましたから、

「確かにここは自分の能力を伸ばす職場だから、やっていいわよ。だけど十分採算は取れるわね」

「はい」

「分かりました。じゃあ、うちの会社からのお金を当てにするのではなくて、あなたがやりなさい。十分自信を持ってやれることであれば、きょう明日で辞めていいから、自分の力でやりなさい」

と、初めて私は「辞めなさい」という意味のことを言ったんです。この言葉は彼にとってとてもショックだった様子でした。

もう一つ、その時に初めて「私は何であなたを雇ったと思いますか?」と聞いてみました。そうしたら「佐藤さんの友達だからでしょう」と自然食品の店を一緒にやっていた友達の名前を挙げたんです。

私は「ただそれだけの理由で五十になるおじさんを雇いますか」と前置きしまして、

「あなたは外国での人間関係がいやになり、日本に憧れて帰ってきたんでしょう。でも帰ってみると、二人でやったお店がうまくいかず、独立した自分のお店も立ち行かなくなり、この八年間いろいろなことがあったね。大変だった、こんなはずじゃなかったと思ったでしょう。あなたと私はもう五十歳を過ぎている。何か一所懸命にやろうとしても、いいところせいぜいあと十年よ。あと十年一生懸命働いて、日本人でよかった、日本っていい国だな、日本に帰ってきてよかったなと思って人生を終わってほしかったの。だからそう思える場所を提供してあげたかったの。それが日本人として私があなたにできることかなと思ったのよ」

と彼を雇った理由を説明したんですね。

五日市　うわぁ、今野さんらしいお言葉ですね。反応はいかがでしたか？

今野　彼はしばらく黙ってうつむいた後、涙を浮かべて「どうもすみませんでした」と言いました。そして次の日、どういう行動をとったと思いますか？　従業員一人ひとりに頭を下げながら「いままで済まなかった。もう一回一緒にやらせてください」と挨拶《あいさつ》したんですよ。

五日市　へぇー、そうでしたか。

今野　それからとても不思議なことが起きました。それまで閑古《かんこ》鳥《どり》が鳴いていた彼のフットマッサージの店が、その次の日からお客様が入るようになったんです。

彼が皆に謝った日、こんなことがありました。あるお客様が肉親を亡くして、とても沈《しず》んでいらっしゃいました。明るい方なので、自分が落ち込んでいることを外に見せたくないと思って頑張っていたんですね。だけど、とうとう頭が痛くなったり腕が上がらなくなったりして、とても会社に行けない状態になられた。その方がサロンに来てくださった時、私は彼を呼んで「その人の体を揉んであげなさい」って言ったんです。そうしたらそのお客様が後で「ああ、心の中からとけました。自分の心の凝《こ》りがとけたんです」と喜んでくださって、彼に「ありがとうございます」「ありがとうございます」と何回も言っていたんです。特別なことをしたわけではないのに、彼の所にはそれから予約がいっぱい入るようになりました。彼が変わったことできっと何かが変わり、それでお客様を呼び込んだのだろうと思います。

彼の意識が変わって一か月ほどして五月十四日の「母の日」を迎えました。彼と私は一歳しか違わないのですが、カーネーション三本を持ってきて、手紙と一緒に私に手渡すんですね。

五日市　手紙を添えて。

今野　ええ。そこには次のように書かれてありました。

「いつもいつも本当にありがとうございました。他人に自分の本音を語ることにより、いままで自分が閉ざしていた殻《から》が一枚、また一枚と剝《は》がれていくのが実感できました。そしてそれが喜びとなり、心の解放とでもいうのでしょうか、爽快な気持ちをいただき、聞いてくれた一人ひとりに感謝の気持ちが起きました。ありがとうございます。これも百パーセント今野先生のおかげです。ここまで私を導いてくださって、本当にありがとうございました。でもまだ二、三枚殻が剝《む》けた頼りなさですが、これからもよろしくお願いします」

これを読んだ時、「ああこの人はもう大丈夫。うちにいなくても何をやっても生きていける。人はいくつになっても変われるんだ」と思いました。実際、彼の店はいまとてもうまくいっているんです。

五日市　先ほどの女性スタッフの皆さんの話といい、いまの男性のお話といい、どれも素晴らしいお話ばかりです。

第三章

運命を変える小さな習慣

■幸せとは能力を開発し、社会に還元していくこと

五日市　今野さんがこれまで人を育てる上で、特に心がけてこられたのはどういうことですか？

今野　そうですね。一言でいうと、折に触《ふ》れて「人生の目的や人間の幸せ」について一緒に考えてきたことだと思います。

五日市　人生の目的や幸せについて？

今野　スタッフのお嬢さんたちに「人は何で生まれてきたと思う？」と聞くと、初めはまったく答えられなかったんですね。そこで、「でも、誰だって幸せになりたいよね。幸せっていう言葉を聞いて、どんなことを連想する？」と質問してみました。

例えば一家団欒《だんらん》が幸せだとか、一家団欒のためにはお金が必要だ

とか、きれいになることだとか、その人たちが感じることでいいんですね。いろんな意見を聞いて、最後に「幸せについて私はこう思っているの」と自分の考えをそのお嬢さんたちに伝えました。

「私は小さい頃、体が極端に弱く病気がちだったこともあって、人生や幸福についてとても早くから考えていたの。この何年何月何日に、この両親のもとに、女性としてこの地に生をもらったことに対して、とても意味があると思っているの。自分を生かすためには、まず自分を知らなければいけない。そのために知識と教養がある程度必要なのよ」って。

五日市　自分を生かすために?

今野　はい。そのことを分かってもらった上で次のような話をするんです。

「大人になって自分を生かそうとする時、その人の持っている能力は、皆顔が違うようにそれぞれ違う。中には歌がうまいとか、かけっこが速いとか、突出している人がいる。だけど、ほとんどの人は突出したものを持ち合わせてなくて、自分でも何が好きなのだろう、何が適職なんだろうかと思う。でも平均的なことって実は素晴らしいことなんだよ。優しいとか負けん気が強いとか、そういうことも能力なんだよ。その能力を磨いて高めて、それを世の中に還元して喜んでいただくこと。これが究極の幸せではないか。私はそう思って生きているの……」

五日市　自分の能力を開花して社会のお役に立つこと。それが幸せに生きる一番のポイントなのですね。

今野　ええ。もちろんお金持ちになることは悪いことではない。車の両輪がうまくかみ合っていなかったら車が動かないように、人も心を高めようとしても、貧しいが故に卑屈《ひくつ》になるときもある。心

「……平均的なことって実は素晴らしいことなんだよ。優しいとか負けん気が強いとか、そういうことも能力なんだよ。その能力を磨いて高めて、それを世の中に還元して喜んでいただくこと。これが究極の幸せではないか。私はそう思って生きているの……」

だけを求めて皆が宗教家や思想家になって、モノを作る人がいなくなったら世の中大変。だからこの市井《しせい》に生まれたのは、「経済活動をしながら自分を確立していきなさい」ということなのではないかと思うんですね。

五日市　なるほど。

今野　私は職場を「そのように思える人たちと一緒にやっていく場所」にしたいとずっと考えてきました。私にとっての会社は、自分の能力を高め、磨いて、社会に還元する場所なんです。自分一人でやっていれば、確かに個人的には儲《もう》かるかもしれませんが、誰かを雇ったとなると、人にその機会を提供するのが自分の仕事となります。だから私がやるべきことは、個人的に金持ちになることではありません。

五日市　今野さんの「会社」に対する考え方が実によく分かる言

私にとっての会社は、自分の能力を高め、磨いて、社会に還元する場所なんです。自分一人でやっていれば、確かに個人的には儲かるかもしれませんが、誰かを雇ったとなると、人にその機会を提供するのが自分の仕事となります。だから私がやるべきことは、個人的に金持ちになることではありません。

葉ですね。

今野　時折、私の価値観をスタッフの子たちに話して、「私とあなたの持っている能力は違うから、あなたには私ができないことができる」と相手の長所を丸ごと認めてあげることにしています。その上で日々目指していく方向や判断基準を示してあげる。そして、その判断基準が一人ひとりに備《そな》わる「良心」であることを教えていくんです。

五日市　なるほど。良心による判断基準ですか。

今野　私は小さい頃から群《む》れをつくらないのが信条でした。でも人を雇うというのは群れをつくることなんです。最初の子を雇った時に私が思ったのは、ここは今野華都子個人が裕福になるためのサロンではない。世の中のどこかで生きていくはずの彼女たちが、たまたま私の目の前に来た。この人達の能力を開発してそれを世の中に還元し、喜んでいただけるステージをつくらなくてはならない、ということでした。その思いだけは絶対にぶれないようにしようと自分に言い聞かせて歩いてきたつもりです。

五日市　信念がぶれないように、ですね。そのあたりをもう少しお話ししていただけませんか。

今野　実は私の自宅には洗濯機がありません。最初のサロンを立ち上げた時、狭くて洗濯機が置けなくて、仕事で使うタオルを夜な夜な手で洗濯して絞って次の日までに乾かしていました。それは大変な作業でした。手のひらにできたマメが潰れるときの痛みは何ともいえません。いまでも自宅に洗濯機を置かないのは、サロンを立ち上げ、人を雇うと決めたときの目的を忘れないためです。毎日の洗濯は私の心を確認する大切な時間なんです。

五日市　いまでも自宅に洗濯機がないなんて、筋金入りですね。

ほかにないものは？（笑）

今野　自宅には車はありません。それに、テレビ、電子レンジ、エアコンなど、およそ普通の家にあるような機器は何も持っていません。車一台の維持費で人をひとり雇ってあげられるし、テレビは見る暇がないので持っていません。電子レンジ、エアコンは必要がないので持っていません。生活用品でこれですから、指輪とかブランド品も持っていません。買おうと思えば買えますが、例えば、そのブランド服に合う格のバッグとか靴、それに、ネックレスや指輪ときりがなくなってきますからね。相手に失礼じゃない程度の服飾品は揃《そろ》えていますが、それ以上のものは持っていません。自分の持ちもの、着るものにお金をかけるより、一人でも多く、一時間でも長く人に働く場を提供したいと思っています。その信念のままにずっとやってきました。

■困難を乗り越えてこそ、本当の楽しさが得られる

五日市　普通、同じ給料を払うのならもっと仕事のできる人にきてほしいと思うところを、あえて手のかかる人を引き受けて一人前にされている。今野さんは経営者でありながら、教育者のような面がありますね。でも、学校の先生とはひと味もふた味も違う。ある意味理想的なお話ですが、それを実際に日々実行されているところに強い感動を覚えます。

今野　やはりそれも小さい頃から人間はいつ死ぬか分からない、その間に自分や縁のあった人々を精一杯生かさないといけないというとことが腑《ふ》に落ちているからだと思います。

でも、私は自分についてくることだけが幸せだとは決して思って

いません。

五日市　というと？

今野　こういうことがありました。以前のサロンが手狭になって、三年前、新しい場所に引っ越すことにしたのですが、そこの家賃が七倍だったのです。エステのビジネスというのは「ベッドの数」と「回転数」の掛け算なので、ベッドの数が同じなら売り上げもあまり変わらない。その中で家賃が七倍になるわけですから、経営的に大変な危機でした。ある占いのできる人からも「あなたはいま大殺《だいさっ》界《かい》の真ん中だから絶対にやめなさい。やると七つの悪いことが起きますよ」と釘《くぎ》を刺されましてね。

五日市　それで、どうされたのですか。

今野　それを聞いて私は、「これはぜひやらなきゃ」と思いました。なぜなら人生は楽しまなきゃならない。でもそれは決して楽をすることではない。小指でちょちょいとできることをやっても誰も楽しくない。どうせやるなら難しいことを乗り越えてこそ、本当の楽しさが得られるのだと、そう考えたわけですね。

五日市　すごい発想ですね。確かに苦難を乗り越えた後の達成感は幸せそのものですね。

今野　そこで私はスタッフに移転の話をして、「これは嵐の中、船を出すようなものなのよ。これまでは誰々さん大丈夫？　具合悪いの？　と声をかけてあげられたけれども、嵐の真っ直中《ただなか》では誰にも頼らず、自分でしっかりつかまっていかなくてはいけない。そして私が『帆《ほ》を上げろ』と言ったら上げないといけない。だから私と一緒に人生を構築していける人だけついてきてほしい」と呼びかけました。

すると、中にはその決心がつかないスタッフもいました。それで、人生は楽しまなきゃならない。でもそれは決して楽をすることではない。小指でちょちょいとできることをやっても誰も楽しくない。どうせやるなら難しいことを乗り越えてこそ、本当の楽しさが得られるのだと、そう考えたわけですね。

「ここで船を下りた人を卑怯者《ひきょう》だとは言わない。いまついて来られないという人は降りなさい。嵐が通り過ぎて航海が穏やかになった時にまた乗せてあげるから」と付け加えました。

私は腹をくくること、自分が望んで何かを行うことがどれだけ大事か、覚悟があるのとないのとではどれだけの違いがあるかを、次のようなたとえ話を通して訴えました。

ある時代劇の中にこのようなシーンがありました。せっかく田植えをしたけれども、日照りが続き、あと三日雨が降らないと今年の収穫はゼロだという状態になった。そこで祈禱《きとう》師や農民たちが心を一つにして一所懸命雨乞いを続けていたら、期限の三日目の夕方、空がにわかにかき曇って雨がダーッと降り出した。皆はもうくるったように「雨だ、雨だ」と大騒ぎして踊りを踊っている。この場面をちょっと想像してご覧なさいと。

それからもう一つ。今年一番の台風がやって来たとします。もう暴風雨で外に出るなんてとんでもない。でも、その時私が「○○ちゃん、あそこに出て行って楽しそうに踊りを踊ってきなさい」と指示したら、皆どう思う？　とたずねました。

「先生、私のことが可愛くないのかしら、危険だと思わないのかしら、と思うかもしれないね。でも自ら望んでそのようにする人は、そのこと自体を喜べるの。でも心底望んでいない人は、何でこんなつらい思いをしなきゃならないだろうと考えてしまう。傍から見たら同じ光景なんだけれども、腹をくくれる人、くくれない人はこれだけ違うものなのよ」

と話したんです。

その上で、「私のこれからの人生はあなたたちを育てることに懸《か》けます。その愛情は形にしたらすごく厳しいことになるかもしれない。それを自分で幸せと思える人だけ一緒に来なさい」と呼びかけました。そして、結局全員がついてきてくれたのです。それが三年前の六月でした。

五日市　いや〜、すごい話ですね。三年前というと、そのすぐ翌年に世界一になられたんですよね。

今野　はい。私はその時、一緒に行こうという皆の気持ちが固まっていなければ、行く意味がないと思いました。先に立つ者は言葉も大事ですが、発するものイコール生き様だと思うんです。

五日市　人の生き様は、確信ある言葉と行動でしか伝わりませんよね。

今野　ええ。だから大事なのは、言葉と常日頃の実践です。価値観を共有するスタッフがいて、その中で自分を生かすステージが会社なのではないでしょうか。

五日市　なるほど。その通りだと思います。

■エステとは「いい人生」の後押しをする仕事

五日市　さて、今野さんはエステサロンの役割について、どのようにお考えなのでしょうか？

今野　例えば、朝起きたら目が腫《は》れてしまっていた、急いでいて自分に似合わない服を着てしまった、履いてきた靴もいまひとつ。そういう時、とても大事に思っている人に突然会ってしまったら、「こんな時になんで会うの」と思うでしょう？　その反対に、メイクがばっちり決まっている、この洋服が私を一番きれいに見せているという自信がある時、「誰かに会わないかな～」と思います。外側というのはそれだけ人の心に影響を与えているんですね。

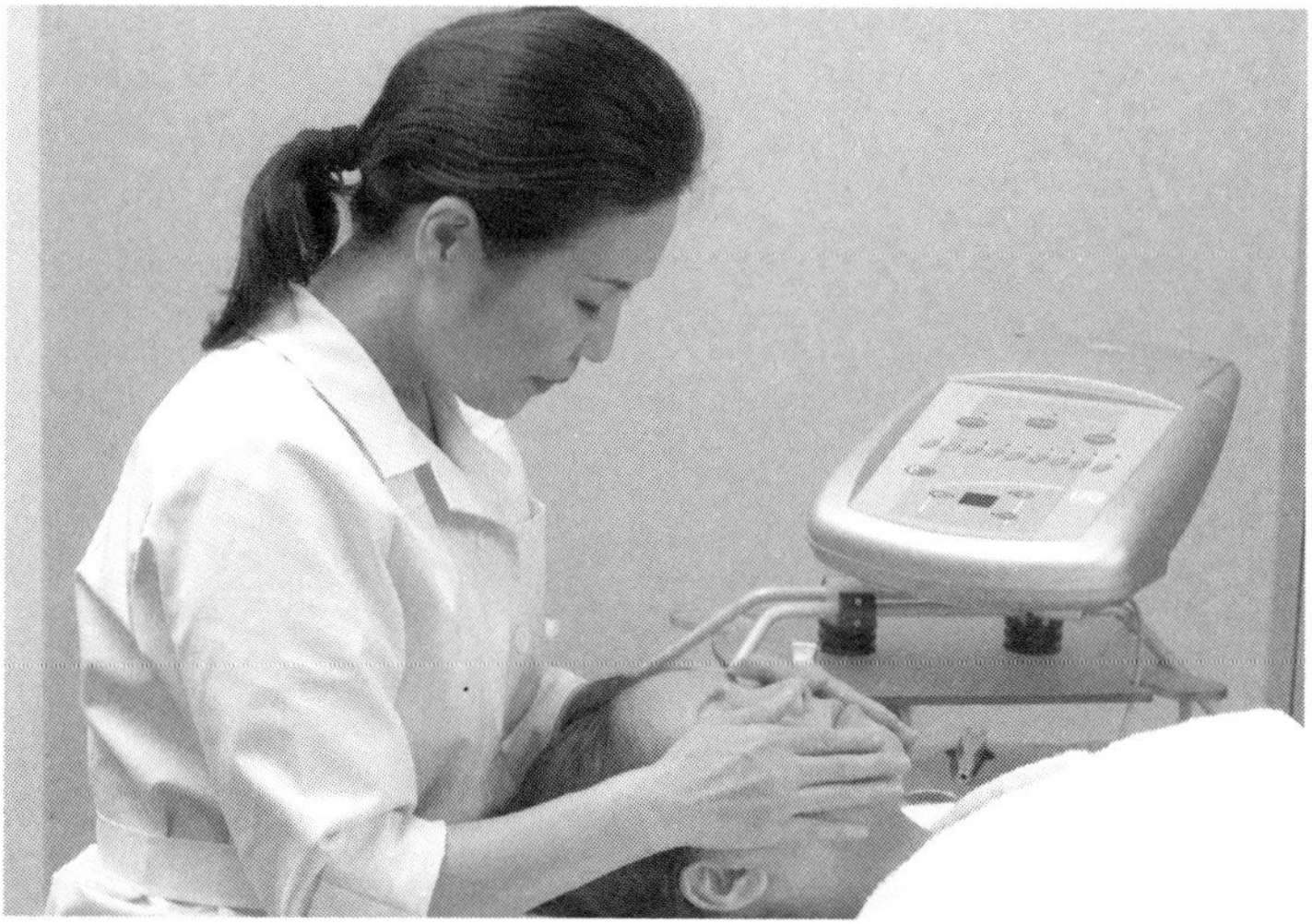

「エステの仕事を通して、その人がいい人生を、勇気を持って踏み出せる後押しをさせていただけたらと思っています」

ですから、きれいになるのは、誰かと比べての話ではないんです。きのうの自分よりも、きょうはよりきれいになっていたら、嬉しくないですか？　それだけ心にも余裕が出てくるし、例えば相手が何か失敗したとしても、その人を責めるのではなく、「私も同じことをやったことがある」、「昔そうだった」と思って、その人に「怪我しなかった」とか「大丈夫だった」と声を掛けてあげられるでしょう。相手にしても、そんなふうに言ってもらえたら、誰々さんてなんと素敵なんだろう、私もそんな人間になりたいと、そう思うはずです。

このように、きれいになることは余裕につながるんです。そして余裕イコール優しさになります。もし、その優しい人が隣の人だったらどうでしょう？　自分の奥さんだったらどうでしょう？　ご自分も優しい気持ちになりませんか？　私はそのような優しさは波動として伝わっていくと思っているんです。

それから人が何かをしようとする時、やはり外側って大事なんです。自分に自信が持てることが、何かを決断する場合の最後の一押しだったりするんです。「私、きょうは完璧」という時と、「私はきょうも駄目なのよ」という時では、やる内容も違ってきますしね。だから私たちはこのエステの仕事を通して、その人がいい人生を勇気を持って踏み出せる後押しをさせていただけたらと思っています。

人を育てる感謝の言葉

五日市　その人がいかに会社に寄与するかを定性的に判断する「商売方程式」というものがあるそうです。それによると、まず「技能」と「知識」を足して、それに「意欲」を掛け算したのが実際のアウトプット、つまりその人がもたらす実益だというのです。

（技能＋知識）×意欲＝実益

ということは、例えば、技能も知識も十分ない若者でも、ベテラン社員に負けない情熱があれば、すぐにベテランを追い抜いてしまうわけですね。それだけ働く人の意欲や情熱は大事なんです。でも、逆にそれがもしゼロになってしまったらどうなりますか。「技能」や「知識」がどんなに豊富で優れていても、それらの和に掛け算する「意欲や情熱」がゼロだと、結果はゼロとなり、何の実益も生みません。

そのため、経営者というのは社員の賃金や職制を上げたり職場の環境を整えたりして、いかに社員のモチベーションを高めるか日々腐心《ふしん》しておられると思うのですが、今野さんから受ける印象は、そうした世間一般的な経営者の姿とはだいぶ違っています。お店のスタッフに対して、親が子を想うような深い愛情を感じるんですね。自分の子どもを家から追い出すわけにはいかないという心からの愛情がスタッフに十分伝わって、働く意欲を向上させているのでしょうね。

冒頭に「技術は愛情」とおっしゃいましたが、手抜きのない継続的な「愛情」こそがスタッフの情熱を維持させ、人間的にもお互いが成長し続ける源泉のようなものになり、それが商売方程式の結果を一人ひとり高めて、お店の繁栄につながっている。いわば、商売繁盛のための最高の「技術」となっている気がします。その意味でも、技術は愛情からきていることが理解できます。

今野　私は優しさについてこう考えているのです。例えば、お腹が空《す》いている人におにぎりを持っていってあげる。これは目に見える優しさですね。

でも私が考えるのは、その人が買うか作るかして、自分の力でおにぎりが食べられるようにしてあげることです。そのためには、ときに厳しいことも言わなくてはいけないし、叱《しか》ることもある。もっと言えば、私が死んだ後、あの人から受けた究極の優しさはこういうことだったんだって分かる心をつくってあげたいと思っています。

五日市　今野さんの、その人を丸ごと引き受けようという生き方もまた、大きな優しさではありませんか。

今野　それが上に立つ者の大事な心得だと思っています。

五日市　例えば、目の前のスタッフには、もしかするととんでもない過去があるかもしれない。大変な欠点を持つ人もいるかもしれない。そういうことも全部ひっくるめて引き受けるということですか？

今野　はい。過去は、どんなことをしても絶対に消すことはできません。だから大事なのはいまからのスタートであって、過去はそのスタートのために必要な経験なんです。どんな立派な人でも、多少なりとも人に迷惑をかけて生きてきたわけですからね。

それに人を見て「ここがいい」「ここがいかん」と言ったりしますけれども、これもその時の自分の都合でいい悪いと言っていることが少なくありません。

五日市 本当にそうですね。きょうは、エステティシャンとしての強い使命感に満ちた今野さんのお話にすっかり魅《み》せられてしまいました。女性がエステで美しくなり、それが心の余裕や優しさにつながるように、スタッフの方々もまた今野さんの優しい心に触れて大きく成長されたのでしょうね。

それにしても僕が感心するのは、今野さんの謙虚さです。普通世界一になると、いろいろなところからお声がかかり、それに乗って過去は、どんなことをしても絶対に消すことはできません。だから大事なのはいまからのスタートであって、過去はそのスタートのために必要な経験なんです。

自分を大宣伝して売り出し、施術の料金も上がったりするものです。その点、今野さんは不思議なくらい欲がない。儲けようと思ったらすぐ東京に出ていくこともできるはずなのに、仙台の不便なところでお店をやっていらっしゃる。そしてご縁のあったスタッフの成長のために人生を捧げようとされている。

今野　私は「心は行動なり、行動は習慣を創り、習慣は品格を創り、品格は運命を決す」という言葉が好きなんです。大事なのは儲けや名声よりも、自分の魂《たましい》の品格を高めることだと思っています。

五日市　そうですね。おっしゃるように、心が変わると行動が変わる。行動が変わると習慣が変わり、習慣が変わると人格が変わる。そして、運命までが変わるわけですね。となると、その出発点の『心の変化』に何が最も影響を与えるかというと、『言葉』だと思うんですね。今野さんのお話を伺って、「覚悟ある言葉」、「確信のある言葉」、そして「愛情と思いやりのある言葉」がいかに人を動かし、その人の運命を変えていくかを再認識できました。

『運命を変える言葉』といいますと、ご存知のように僕は学生時代、イスラエルを旅行中に「ありがとう」、「感謝します」というツキを呼ぶ言葉を、あるおばあさんから教えてもらいました。「こうしたプラスの言葉を常に口から発しなさい。嫌なことがあっても、すぐに『ありがとう』と言いなさい。すると運命を好転させることができるから」と教えられ、それを素直に実践して確かに人生が大きく変わりました。いま思うと、その教えの本質は、「何に対してでも感謝しなさい」ということなのではと思っています。

今野さんは、自分の魂の品格を高めることが大事とおっしゃいましたが、『何にでも感謝できる自分』に近づくことで魂の品格も高まるのだと思います。

今野　おばあさんの言葉を心に刻んで、よい口癖《くちぐせ》を身につけられたことで五日市さんの運命は大きくひらいていったのですね。

五日市　はい。サラリーマン時代は、大勢の部下から連日様々な報告を受けました。中には怒らずにはいられない失敗の報告も数多くありました。

以前の僕なら「何だ、お前は」と目くじらを立てて叱りつけていたでしょう。でも、ツキを呼ぶ言葉を知って口癖にして以来、僕は本質的に怒れなくなったんですね。相手のことを思って、その人の精神的な成長を促《うなが》すために冷静に言葉を選んでいる自分が手に取るように分かりました。そうしたら、「上司が喜んでくれるなら」と皆夜遅くまで自発的に頑張ってくれるようになり、業績も良くなりました。「言葉が人を動かす」とは、このことなんですね。

今野　相手のために何が一番大切なのかを真剣に考えて言葉をか

け続けていけば、その思いは必ず伝わっていくと私は信じています。それでその人が成長していけば、こちらも一緒に成長できるのですから、どんなに苦しくても、うまくいかなくても、すべてに感謝しないわけにはいきません。

そういう気持ちで、真心のこもった感謝の言葉をいつも自然体で口に出せるようになりたいですね。それが運命をひらく鍵《かぎ》になるのではないかと、私は思っています。運命を変えるには大きな努力なんて必要ないんです。必要なのは、日常の小さな習慣を積み重ねていくことだけなんですね。

運命を変えるには大きな努力なんて必要ないんです。必要なのは、日常の小さな習慣を積み重ねていくことだけなんですね。

今野華都子（こんの・かつこ）

昭和28年宮城県生まれ。平成10年仙台市青葉区にエステティックサロン「サロン・ド・ノア」を開業。平成15年事業拡張のため移転。「エステルーム・パセオ」に変更。翌年第1回LPGインターナショナルコンテスト（フェイシャル部門）で日本最優秀賞、フランスの審査で最優秀グランプリを受賞。日本エステティック業協会認定講師。日本エステティック業協会インターナショナルエステティシャン。エステティックサロンオーナーへのセミナーも開催している。

五日市剛（いつかいち・つよし）

昭和39年岩手県生まれ。国立宮城高専を卒業後、豊橋技術科学大学に編入学。その後、アメリカのマサチューセッツ工科大学に留学。平成5年工学博士号取得。大手企業で新規事業の研究開発に従事したあと独立。企業経営の傍ら、六社の顧問も務める。講演録『ツキを呼ぶ魔法の言葉』は口コミで90万部を超え、自ら監修した絵本も幼児から大人まで広く読まれている。

本書は『致知』（二〇〇六年九月号）掲載の対談記事をもとに構成したものである。

五日市剛の人間訪問
運命を変える言葉
世界一のエステティシャン今野華都子さんに聞く

平成十八年十一月十八日第一刷発行
平成十八年十二月十五日第二刷発行

著　者　五日市　剛
　　　　今野　華都子
発行者　藤尾　秀昭
発行所　致知出版社
〒107-0062 東京都港区南青山六の一の二十三
TEL（〇三）三四〇九―五六三二
印刷・製本　中央精版印刷
落丁・乱丁はお取替え致します。（検印廃止）

ISBN4-88474-764-X C0095
ホームページ　http://www.chichi.co.jp
Eメール　books@chichi.co.jp

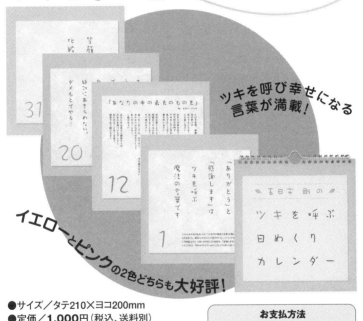